民国经典童书

儿童古今通

了童话

吕伯攸——

著

- 一个大瓠瓜 • 蝴蝶梦 • 庖丁解牛的经验
- 栎社树长寿的缘故 • 支离疏的幸运
- 同样地逃失了一群羊 • 厉人生子
- 轮扁的话 • 猨狙和周公……

知识产权出版社

全国百佳图书出版单位

图书在版编目（CIP）数据

庄子童话 / 吕伯攸著. — 北京：知识产权出版社，2019.1
（儿童古今通）
ISBN 978-7-5130-5850-6

Ⅰ. ①庄… Ⅱ. ①吕… Ⅲ. ①道家 ②《庄子》—少儿读物
Ⅳ. ①B223.5-49

中国版本图书馆 CIP 数据核字（2018）第 214850 号

责任编辑：王颖超　　　　　　　　　　责任校对：潘凤越
文字编辑：褚宏霞　　　　　　　　　　责任印制：刘译文

庄子童话

吕伯攸　著

出版发行：知识产权出版社 有限责任公司	网　　址：http://www.ipph.cn
社　　址：北京市海淀区气象路 50 号院	邮　　编：100081
责编电话：010-82000860 转 8655	责编邮箱：wangyingchao@cnipr.com
发行电话：010-82000860 转 8101/8102	发行传真：010-82000893/82005070/82000270
印　　刷：三河市国英印务有限公司	经　　销：各大网上书店、新华书店及相关专业书店
开　　本：880mm×1230mm　1/32	印　　张：3
版　　次：2019 年 1 月第 1 版	印　　次：2019 年 1 月第 1 次印刷
字　　数：40 千字	定　　价：22.00 元

ISBN 978-7-5130-5850-6

序　说

这本小册子的材料，都是从《庄子》里摘译下来的。

《庄子》原书，是战国时人庄周所撰述。全书十余万字，分内篇、外篇、杂篇三编。内篇三卷，包含《逍遥游》《齐物论》等七篇；外篇四卷，包含《骈指》《马蹄》等十五篇；杂篇三卷，包含《庚桑楚》《徐无鬼》等十一篇；共为十卷。

自汉朝的艺文志，开始将这部书列于道家，以后便和《老子》并称为道家之祖。到了唐玄宗天宝元年，又诏号为《南华真经》。

在这十卷书中，大概以寓言居多，而且哲理太深，

很不容易了解。因此，做注解的虽有数十家，但是，各人却有各人的解释，很不一致。

现在，只就《庄子》原书中，摘选最有兴味、最容易领会的数十则，译成语体文，以供小朋友们阅读，至于牵涉哲理的部分，却一概将它删去了。

小朋友们如果愿意一见它的真面目，请将来再阅它的原书吧！

目　录

1

2

一个大瓠瓜

惠子❶对庄子❷说道："魏王❸曾经送我一些瓠瓜❹的种子，我将它栽培起来，不久，竟结了一个很大很大的瓠瓜。看它的容量差不多可以装五石❺的水浆，因此，将它剖开来做了一个瓢❻。哪知它的内部，却是很浅很浅，

---

❶ 惠子：名施，战国时人。长于口才，曾经做过梁国的宰相。

❷ 庄子：名周，战国时人。曾经做过蒙地的漆园吏。他的学问很渊博，著有《庄子》一书，十余万言。

❸ 魏王：就是梁惠王。因为魏国自河东迁都到大梁，所以别称为梁国。

❹ 瓠（hù）瓜：是一种蔬类植物。上部细长，一端圆大，又名悬瓠。

❺ 五石：一石是一百升，五石就是五百升。

❻ 瓢：瓠瓜老熟以后，可以将它剖开来做成瓢，用来舀水或盛茶酒一类东西。

一个大瓠瓜

装不了多少水。我因为它一点也没有用处，所以将它打碎了。"

庄子道："这是你自己不知道处置它的方法罢了！从前宋国❶里有家人家，一向是善于制造不龟手药❷的。他们世世代代传下来，只是做着洴澼绕❸的工作。有人听到了这件事，便愿意花一百斤金子，向他买这个制药的方子。他们当即召集了全族的人，大家商量道：'我们世世代代做着洴澼绕的工作，制成了药，也不过卖了几块钱罢了。现在，在一日之间竟可卖得一百斤金子，不如就将药方给了他罢！'那个人得到药方，便拿去献

❶　宋国：周微子的封地，约当现在河南商丘。春秋时为十二诸侯之一，到战国时，为齐国所灭。
❷　不龟（jūn）手药：冬季时候，人的手受了冷，开裂如龟背上的细纹，叫作龟（jūn），俗称冻瘃（zhú）。搽了这药能免除这种病，所以叫作不龟手药。
❸　洴澼绕（píng pì kuàng）：就是拿棉絮在水上漂洗，这是制造不龟手药时的一种手续。

一个大瓠瓜

给吴王❶，吴王非常欢喜。这时候，齐巧❷越国❸来攻打吴国了，吴王便叫那个人带了兵去抵御。到了冬季里，和越国在水上战争，竟将越军打得落花流水。吴王便割了一处地方封给那个人。你想，宋国里的人和那个买药方的人，不是一样的能够制造不龟手药吗？但是，有的得到了土地的封赏，有的仍旧免不了要做这种洴澼绕的工作，这便可见是他们处置的方法不同啊！现在，你有了这五石的大瓠，为什么不将它当作大樽❹系在身上，到江湖中去浮游，却要愁它没有用处呢？"

---

❶ 吴王：吴国的国王。周初，泰伯住在吴地，就是现在江苏无锡的梅里。后来他的子孙称王，土地逐渐扩大，占有现在淮泗以南，一直到浙江的嘉湖一带，终于被越国所灭。

❷ 齐巧：方言，相当于普通话的恰巧。

❸ 越国：就是于越，夏朝少康的后裔，封于会稽。春秋时候，灭了吴国，奄有江苏、浙江和山东的一部分。战国时候为楚国所灭。

❹ 樽（zūn）：样子很像酒器，将它缚在身上，浮游江湖中，便不会沉没了。

蝴蝶梦

　　有一晚，庄周做了一个梦。梦见他自己忽然变成了一只蝴蝶，栩栩❶地飞来飞去，十分快乐，竟忘记了自己却便是庄周。

　　过了一会儿，他忽然醒来了，自己仔细端相❷了一下，才知道又变成了庄周了。

---

❶ 栩栩（xǔ）：很活泼的样子。
❷ 端相：端详，细看。

蝴蝶梦

因此，庄周便产生了一个问题：到底是庄周做梦，变成了蝴蝶呢；还是蝴蝶做梦，变成了庄周呢？

蝴蝶梦

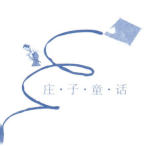

庖丁解牛的经验

　　庖丁❶替文惠君❷解割一只牛，当他的手接触着，肩膀倚靠着，两脚践踏着，膝盖抵压着，他的刀骍然❸地砍下去，便发出一种皮骨相离的声音，仿佛是按着节拍，合于《桑林》❹的舞蹈、《经首》❺的乐章一般。

---

　　❶　庖丁：便是厨师。有的人说，庖是庖人，古时执掌膳食的官，丁是庖人的姓。

　　❷　文惠君：就是梁惠王。

　　❸　骍（huō）然：刀子触着物体的声音。

　　❹　《桑林》：殷朝天子所用的一种乐名。

　　❺　《经首》：一种舞乐的名称。

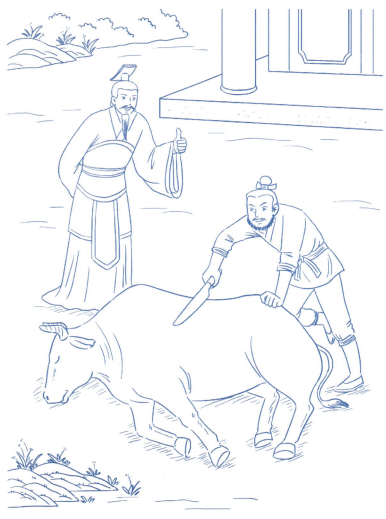

庖丁解牛的经验

　　文惠君不觉赞叹道："好呀，你的技术竟高妙到这步田地了！"

　　庖丁丢开了刀，答道："我并不是仅仅只有解牛的技术罢了，我还研究到解牛的奥妙的道理呢！当我最初开始解牛的时候，眼前所看见的，完全是一只牛，经过三年以后，却看不见完全的牛了。到了现在，我对于一只牛，不必用眼睛仔细去观察，不知不觉地便能理会得到它各部的组织，然后将刀砍下去，自然很容易地依着纹理剖解开来了。我知道技术最精的庖人，一年必定要换一把刀子；至于普通的庖人，当然技术拙劣，常常将刀口砍在骨头上，所以，一个月便要换一把刀子了。现在，我的刀子已经用了十九年了，解割过的牛，何止几千头，但是，请看我的刀子，不是和新磨出来的一样吗？"

　　文惠君道："好啊，我听了你的话，我便悟到养生的道理了！"

栎社树长寿的缘故

匠石❶有一次到齐国❷去，经过一条弯曲的道路，看见路旁有一棵栎社树❸，长得又高又大。要是将树干测量一下，足足有十围❹光景；至于它的高度呢，竟和一座山差不多。所以就是有一只牛在树下，也被它遮蔽得瞧不出来了。从树干上发生出来的枝条，大约有十几

---

❶ 匠石：一个名字叫作石的匠人。

❷ 齐国：周武王封太公望于齐。战国初年，他的臣子田氏篡国，为七雄之一。后来被秦国所并吞。

❸ 栎社树：木名。

❹ 围：五寸叫作围，或说一抱叫作围。

14

枝，都是大得可以用来造船的。在那里参观的人，不知道有多少，但是，匠石却瞧也不瞧，自管自很快地走过去了。

他的学生觉得很奇怪，便追上去向他问道："我自从执着斧斤❶，跟老师学业以来，从来没有瞧见过这样好的材料。老师却瞧也不瞧，自管自地走了，这是什么缘故呢？"

匠石道："算了罢，不要再说了，这种木材是一点用处也没有的：要是用它来造船，便会沉到水底里去；用来制成棺椁❷，会很容易地朽烂；用来制成器具，又很容易毁坏；用来造门户❸，树脂又常常要分泌出来，非常肮脏；用来做成屋柱，又容易被蠹虫❹剥蚀。这树木就因为它没有用处，所以才这样长寿呢！"

---

❶ 斧斤：斧是斧头，斤是刀，都是砍木的器具。
❷ 棺椁：棺是装死人的木器，椁是棺外的套子。
❸ 门户：两扇的叫作门，一扇的叫作户。
❹ 蠹（dù）虫：是一种害虫，在树木中的，叫作木蠹，种类很多，蝤蛴（qiú qí）就是其中的一种。

栎社树长寿的缘故

　　这一天，匠石回到家里，晚上就得了一个梦，梦见那株栎社树，对他说道："你将怎样地看待我？你将我当有用的木材看待吗？你瞧，那些柤❶、梨、橘、柚、果、蓏❷一类的东西，果实熟了，便被人采摘，甚至连枝干都会折断，这就是因为它们用处太大了，所以，不能保全它们的生命！世界上哪一件东西，不是这样的呢？假使我是一种有用的木材，能够长得这样高大吗？"

---

　　❶　柤（zhā）：古同"楂"，山楂，果实到秋天成熟，有赤黄二色，大的像小林檎（沙果）。

　　❷　果、蓏（luǒ）：木本植物的实，叫作果；草本植物的实，叫作蓏。

支离疏的幸运

有一个名叫支离疏[1]的人，他的背是驼的，他的颈缩在两肩中间，他的胁[2]又几乎和两条髀骨[3]并在一起了，形体生来非常丑恶。

他平日替人缝纫，或是浣洗衣服，足以敷衍他自己的食用。有时他又替人卜卦占兆，便可以养活十个人。

---

[1] 支离疏：形体残缺，叫作支离；疏是名字。意思就是一个名字叫作疏的残废者。这里却完全将它当作姓名了。

[2] 胁：胸的两旁，有肋骨的部分。

[3] 髀（bì）骨：膝上的大腿骨。

支离疏的幸运

君上征求武士的时候，他也很奋勇地去应征。但是，有什么艰苦的工作要役使着去做时，他却因为身体残废，可以避免。

君上慰劳有病的人，要颁给赏赐了，他却又因为身体残废，可以得到三钟的米谷和十束的柴薪。

这样看来，他形体虽然不完全，倒比平常的人安逸得多了。

---

❶ 钟：古时候的量器名，约合六斛四斗（古时以十斗为一斛）。

支离疏的幸运

同样地逃失了一群羊

　　臧和谷 ❶，各自领了一群羊，到野外去放牧。不料，过不了多少时候，两个人都把自己看守的一群羊逃失了。

　　主人先问臧道："你在做什么事，怎么连一群羊都照顾不了？"

　　臧道："我在牧羊的时候，因为很闲空，所以便拿了一本书去阅读，哪知一个不留神，羊便不见了！"

---

　　❶ 臧和谷：臧是仆人，谷是小僮。

同样地逃失了一群羊

主人又问谷道："你怎么也把一群羊逃失了，你做什么事呢？"

谷道："我因为牧羊的工作，太没有兴趣了，所以偶然和几个同伴们在做博塞❶的玩意儿。哪知一个不留神，羊不知跑到哪里去了！"

两个人所做的事虽然有好坏，但是，却同样地逃失了一群羊。

---

❶ 博塞：是一种赌博。

厉人生子

有一个厉人 ❶，连他的面貌也长得非常凶恶。

一天，半夜里，这厉人生了一个儿子。他便连忙去取火来，照着这婴儿，要仔细地瞧瞧他的面貌。因为，他只恐怕他的儿子，也像他一样的凶恶。

这样看来，世界上作恶的人，并不是自己欢喜这样的，实在是被环境逼迫的缘故。

---

❶ 厉人：就是恶人。

厉人生子

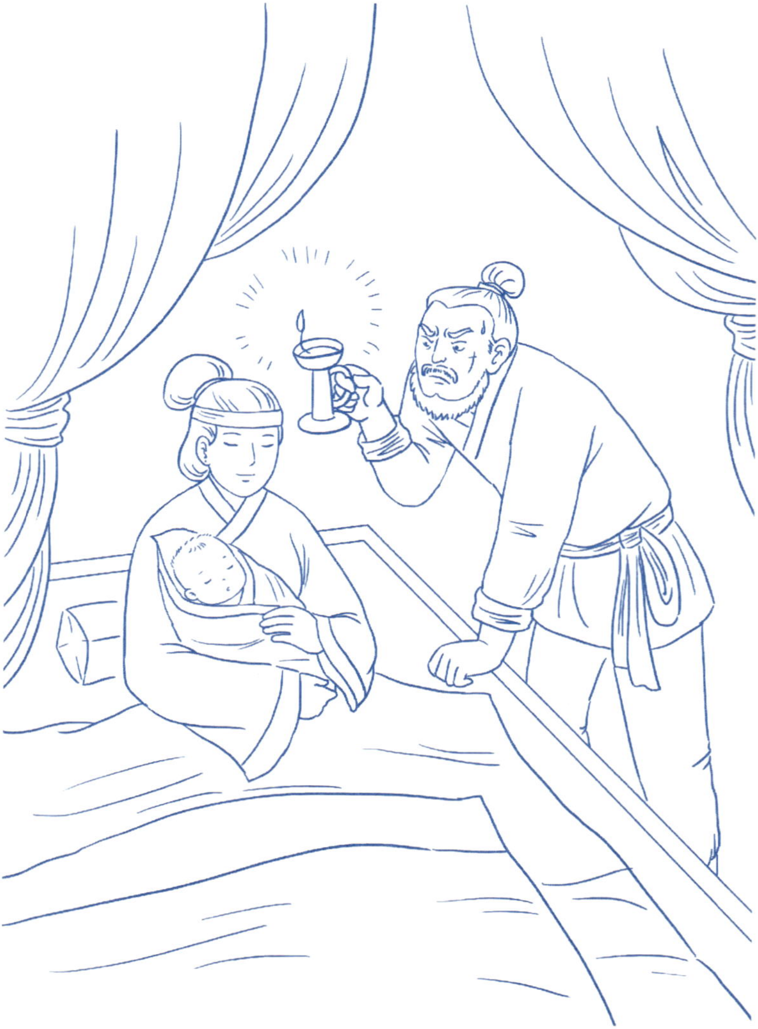

轮扁的话

　　桓公^❶在厅堂上读书，轮扁^❷在厅堂下造车轮。忽然，他丢掉了椎^❸和凿^❹，跑上堂来问桓公道："我敢大胆地问一声，公所读的是什么东西啊？"

　　桓公道："这是圣人的名言。"

----

❶　桓公：就是齐桓公，春秋诸侯，名叫小白。周庄王十一年，他的哥哥襄公无道，他便出奔到莒地。后来襄公被弑，才回国即位；用管仲为相，为五霸的首领。

❷　轮扁：是一个专造车轮的匠人，扁是他的名字。

❸　椎：铁的椎子。

❹　凿：铁凿，是穿木的器具。

轮扁的话

轮扁又问道:"圣人现在还生活着吗?"

桓公答道:"已经死了!"

轮扁道:"这样看来,你所读的,都不过是古人所废弃的糟粕❶罢了!"

桓公道:"我在这里读书,你这造车轮的工人,怎么竟敢乱发批评!现在,你要是说得出理由便罢,否则,就应该处死。"

轮扁道:"这很容易,只要将我造车轮的事比喻起来,便可以知道其中的理由了。当我在斫着木材造轮子的时候,斫得快了又不好,斫得慢了又不对。一定要不快不慢,手里在工作,心里在感应着,然后才能把车轮造好。这其中的道理,实在不是嘴巴所能说得出来的。所以,我活到七十岁了,只能自己制造车轮,却不能将造法说给我的儿子听;就是我能说给他听,他

---
❶ 糟粕(pò):做酒时所废弃的渣滓。比喻粗劣而没有价值的东西。

轮扁的话

也不能了解其中的奥妙的。照这样看来，古时候的圣人已死了，他的说话虽然传了下来，更有什么用处！你所读的，不是古人的糟粕，又是什么呢？"

猨狙和周公

有人捉了一只猨狙❶，给它穿起周公❷的衣服来，那猨狙觉得很不舒适。因此，它便用牙齿咬着，用爪子撕着，直将衣服撕裂得粉碎，从它身上脱了下来，它的心里才非常满意。

当然，无知的畜生，哪里可以比到伟大的周公。所以，看到古今一切事的不同，仿佛就是猨狙和周公的不同。

---

❶ 猨狙（yuán jū）：猴类，性很狡黠。

❷ 周公：周文王的儿子，名字叫作旦。武王时为相，武王死后，成王年纪很小，便由他摄政。他定一切的制度和礼乐，又诛武庚，杀管叔，放蔡叔，天下因此大治。

猨狙和周公

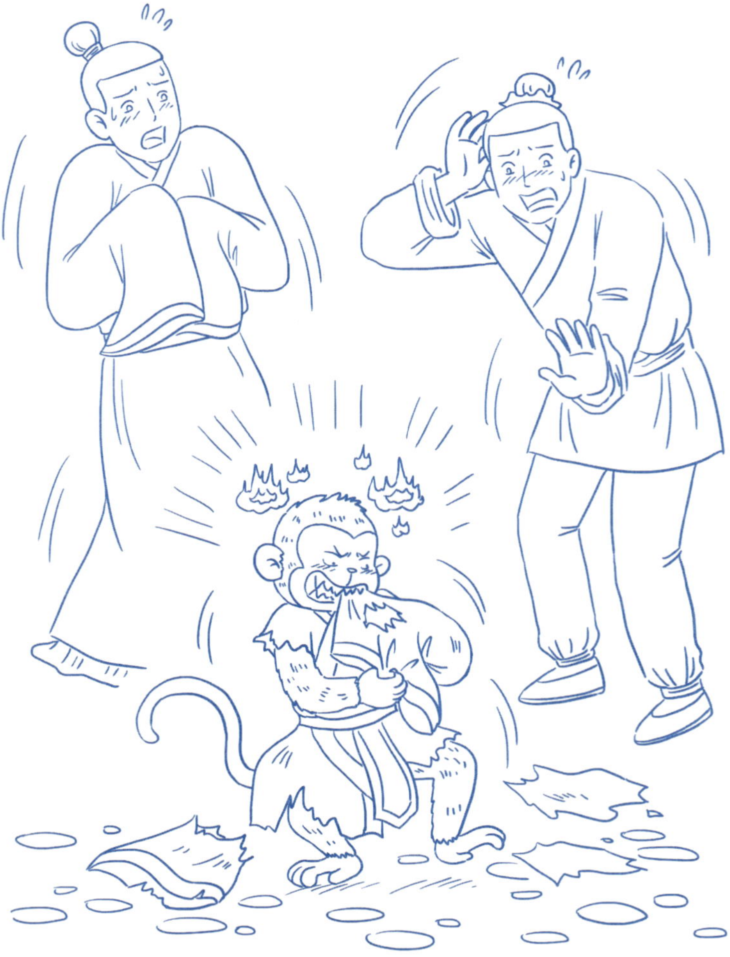

丑女学西施

西施^❶有一个心痛的毛病，当她发病的时候，总是把眉尖紧紧地蹙着。但是邻舍们看到了，都觉她别有一种丰韵，个个都赞美她。

在那村上，另有一个相貌长得十分丑恶的女子，她看到西施紧蹙眉尖的态度，也觉得美极了，心里非常羡

---

❶ 西施：又称西子，是战国时候越国诸暨地方苎萝村中卖柴人的女儿，容貌长得很漂亮。越王勾践在会稽被吴兵打败，他的臣子范蠡便将西施献给吴王。直到吴国亡后，西施才死了。一说西施仍旧跟着范蠡，游于五湖。

丑女学西施

慕她。

因此，丑女回到家里，便也学着西施发病时的神气：两手捧住自己的心口，然后把两条眉尖紧紧地蹙了拢来。她想，这一来，邻舍们也会赞美她了。

哪知，事实却终于出了她的意料以外。原来邻舍们见了她，非但没有人赞美她，而且，富人们竟把大门紧紧关闭起来，永远不敢出来看她那副丑态；穷人们没有坚固的大门好关，便带了他的妻子儿女，急忙避到别的地方去了。

丑女学西施

卫人为什么围困孔子

孔子 ❶ 游历到匡 ❷ 地，卫国的人民，将他团团地围困起来，一直围到好几匝。

孔子在这患难中，却依旧没有停止他的弦歌 ❸ 的声音。子路觉得很奇怪，便进去向他问道："老师！怎么

❶ 孔子：儒家的祖师。春秋时鲁国人，名丘，字仲尼。最初在鲁国做司寇的官，鲁君不能用他，他便周游列国，后来仍旧到鲁国，删《诗》《书》，定《礼》《乐》，赞《周易》，修《春秋》。他的学生共有三千多人，死时年七十三岁。

❷ 匡：地名，卫国的属地。

❸ 弦歌：弦是琴瑟一类的乐器，歌是乐歌。

卫人为什么围困孔子

还是这样快乐呢？"

孔子招招手道："你来，让我告诉你罢——我常常想避开穷困，终免不了穷困，这是我的命运生成这样的；我常常想过些好日子，却终不能得到，这是时势使得这样的。你瞧，在水里不怕蛟龙的，是渔夫的勇气；在陆上不怕兕❶虎的，是猎人的勇气；雪亮的刀子在面前闪过，还是不会退避的，是烈士的勇气；知道穷困是由于命运，知道没有好日子过是由于时势，临着大难却一点也不惧怕的，却是圣人的勇气。我的命运既然生成是这样的，就是担心有什么用处呢！"

过了没有多少时候，便有几个匡人走进来，向孔子道歉道："我们认错了人了，所以将你围困起来，现在已经调查清楚，自然立刻应该解散。只是，我们对你这种无礼的举动，实在对不起得很！"

---

❶ 兕（sì）：就是雌的犀牛，头上只生一角，文理细腻，皮很坚厚，可以制甲。

原来，那时有一个名叫阳虎❶的人，曾经和匡人结下仇雠❷。他的容貌，却和孔子很相像，而且，这时给孔子御车的学生颜克，又常常是和阳虎做伴的，因此，匡人便误认孔子是阳虎，大家将他的住所围住了。直到明白了孔子不是阳虎，才来道歉解围。

37

---

❶ 阳虎：春秋鲁国人，字货，为季氏家臣。
❷ 仇雠（chóu）：仇敌。

卫人为什么围困孔子

井蛙的见识

38

　　一只住在坏井里的蛙，有一天，忽然遇到东海里的鳖，便对他说道："我真快乐呢！我有时在井栏上面纵跳着，有时在井壁空隙处休息着，有时到井水里去游泳一回，有时在井底泥土上散散步，我觉得那些虾❶蟹呀，蝌蚪呀，没有及得上我的。哈哈，我真是快乐极了！先生，你也愿意来瞧瞧吗？"

　　东海里的鳖听到了这番话，它便跟着井蛙，到那坏井里去观察。哪知，它的左足还没有跨进去，它的右膝

----

❶　虾（hán）：生在井里的一种红色小虫。

井蛙的见识

已经被绊住了。于是，鳖便告诉蛙道："这里算得什么呢？
我住的东海，才是快乐呢！你知道，东海是怎样的？就
是一千里的远，也不能比它的大；一千仞的高，也不能
比它的深。在大禹❶的时候，十年中差不多有九年涨着
大水，海里的水倒也不见得增加起来；商汤❷的时候，八
年中差不多有七年闹着旱灾，海岸边的水倒也不见得怎
样减少。哈，你看，我东海里的快乐，比到你的坏井怎
样？"

坏井里的蛙听说，不觉有些吃惊起来。因为，它这
才知道，世界上还有比这坏井更好的地方。

---

❶ 大禹：夏朝开国的君主，姓姒。他的父亲名鲧，尧的时候治水无功，被
杀死了。他便继承父业，疏通江河，过了八年，洪水才平。后来，舜就把君
位让给他了。

❷ 商汤：商朝开国的君主，名履。夏朝传到桀，暴虐无道，汤便起兵革命，
建立商朝。

我情愿在泥涂中

　　庄子在濮水❶上垂钓，楚王❷便派了两个大夫❸去对他说道："我们的国君，愿意将整个楚国，托付给你！"

　　庄子却执着钓竿，似理不理地道："我听说，楚国有只神龟❹，已经死了三千年了，楚王将它装在竹笥❺里

---

❶　濮水：古代水名，早已湮塞。

❷　楚王：是指楚威王。战国时，楚惠王的五世孙，名熊商。

❸　大夫：官名，分上、中、下三等。大夫之上为卿，大夫以下为士。

❹　神龟：神异的乌龟。

❺　竹笥（sì）：方形的竹器。

面，上面再用手巾遮盖着，然后拿去供在庙堂^❶上。现在我们要是替这个神龟打算，你想，是死了使骨头受到尊崇好呢，还是活着拖了尾巴，逍遥地在泥涂中自由行动好呢？"

两个大夫都说："这自然还是拖着尾巴，在泥涂中自由行动好得多了！"

庄子道："好吧，你们可以回去了。因为我也情愿拖着尾巴，在泥涂中自由行动呢！"

---

❶ 庙堂：太庙的明堂，是古代帝王祭祀、议事的地方。借指朝廷。

我情愿在泥涂中

鹓　鸰

惠子做了梁国❶的宰相，庄子便去拜访他。

有人对惠子说道："庄子这次到梁国来，是打算谋你这宰相的位置呢！"

惠子被他说得恐慌起来了，当即派人在国中搜寻庄子的踪迹，一直搜寻了三天三夜。

---

❶　梁国：就是战国七雄之一的魏国，因为后来迁都大梁，所以称为梁国。

鹧鸪

　　庄子却坦然地再去见他，并且对他说道："南方有一只鸟，名字叫做鹓鶵❶，你知道吗？——这只鸟，从南海飞到北海，不遇到梧桐树，它是不会停息下来的；找不到楝实❷，它是情愿饿着肚子不吃的；找不到醴泉❸，它又情愿口渴不饮的。哪知这时候有一只鸱❹，不知从哪里得到一只腐烂了的鼠子，正在嚼得津津有味；齐巧那只鹓鶵从它那里飞过，鸱恐怕鹓鶵夺它的腐鼠，便怒气勃勃地向它叱道：'吓！'❺现在,你也因为有了这梁国相位，来吓我吗？"

---

❶ 鹓鶵（yuān chú）：古书上说的凤凰一类的鸟。

❷ 楝（liàn）实：楝树的果实。

❸ 醴（lǐ）泉：醴是一种甜酒。泉水的味道甜得像醴一般的，叫作醴泉。

❹ 鸱（chī）：是一种鸷鸟，形状和鹰差不多。

❺ 吓（hè）：表示不满。

你又不是鱼

庄子偕同惠子，在濠梁❶上面游玩。

庄子指着水中，对惠子说道："你瞧这些鲦鱼❷，从从容容地在水中游泳着，这是鱼们最快乐的时候！"

惠子道："你又不是鱼，怎么知道鱼的快乐？"

---

❶ 濠梁：濠是城旁的河，梁是河中的闸，用以闸水捕鱼的。又作河桥解。

❷ 鲦（tiáo）鱼：鱼名。就是白鲦鱼，大的长一尺余，形状狭长，背淡黑，微微地带点青色，腹白，鳞很细。

你又不是鱼

庄子反问道："你又不是我，怎么知道我不知道鱼的快乐呢？"

　　惠子道："是的，我不是你，的确是不知道你的心意的。但是，照这样看来，你既然不是鱼，当然也可以确定你不会知道鱼的心意了！"

你又不是鱼

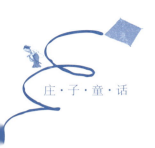

路上的髑髅

　　庄子到楚国去，在路上看见一个髑髅❶。那雪白的骨头上，显现着些枯槁的形态，庄子便用马捶❷打了他几下，并且问他道："你是贪生失理，才弄到这般地步的吗？或者是发生了亡国的惨祸，被人用斧钺❸来杀死了，才弄到这般地步的吗？或者是做了不正当的事，怕羞辱父母妻子，才弄到这般地步的吗？或者是被冻馁❹

---

❶　髑髅（dú lóu）：死人的头。

❷　马捶：马棰，意为马杖、马鞭。

❸　斧钺（yuè）：斧和钺，古代兵器，用于斩刑。

❹　冻馁（něi）：受冷受饿。

路上的髑髏

逼迫着，才弄到这般地步的吗？或者是你的寿数到了，才弄到这般地步的吗？"

　　庄子说完了这一番话，他便拿了那个髑髅当作枕头，竟睡起觉来了。

　　到了半夜里，庄子做了一个梦，梦见那个髑髅，对他说道："你所说的，都是活人应有的麻烦，至于死了的人，也不必再去管它了。现在，你也愿意听听死后的情形吗？"

　　庄子道："好吧，你且说说看！"

　　髑髅道："一个人死了，便没有君臣上下的阶级，也没有四时不同的景象，自由自在地过着，就是南面王❶也及不上他呢！"

　　庄子不相信他的话，又对他说道："我去请求司生

———————

❶　南面王：古时做帝王的，座位都是朝南设置的，所以称为南面王。

命的神，将你的形状恢复起来：仍旧使你长成皮肉肌肤，仍旧使你和父母妻子团聚，仍旧使你得到知觉，你愿意吗？"

　　髑髅却很忧愁地蹙着眉尖说道："我怎能丢弃了南面王的快乐，仍旧去受人间的痛苦呢！"

路上的髑髅

一只海鸟的死

有一只海鸟❶，停在鲁国❷的郊外❸。

鲁侯得到了这个消息，便去将它迎入庙中，请它喝酒；并且，奏着九韶❹的乐，供着太牢❺的食品。那只鸟却眼花缭乱地十分忧愁，不敢吃一点东西，也不敢饮一

---

❶ 海鸟：据说名叫爰居。形状很像凤凰，身高约八尺；白天飞在海面，晚上宿在岛中；海船遇到了这种鸟，便可以推测岛的远近。

❷ 鲁国：周武王封他的弟弟周公旦于鲁，后来为楚国所灭。

❸ 郊外：就是城外。这里所指的，是鲁国东门外。

❹ 九韶：舜时的一种乐名。

❺ 太牢：就是牛、羊、豕三牲。

一只海鸟的死

滴酒，过了三天，便死了。

这是因为不适于鸟的生活的缘故。

不如住在猪栏里

祝宗人^❶穿着玄端^❷,走到猪栏边,对着一只彘^❸说道:"你不必怕死！我预备好好地豢养你三个月,让我斋戒^❹数天,杀了你,将你的肩尻^❺装在一只雕漆的俎^❻上,下面更用白茅垫着,我想,你一定愿意的吧！"

---

❶ 祝宗人：专司祝神的官。

❷ 玄端：古时祭祀时所穿的礼服。

❸ 彘（zhì）：猪的别名。

❹ 斋戒：在祭祀的前几天，摒除一切的辛荤和欲念。

❺ 肩尻（kāo）：肩膀和屁股。借指牲物的全体。

❻ 俎（zǔ）：古时祭祀的时候用来盛三牲的器具，周围漆着文彩，搁在一个木架上的。

不如住在猪栏里

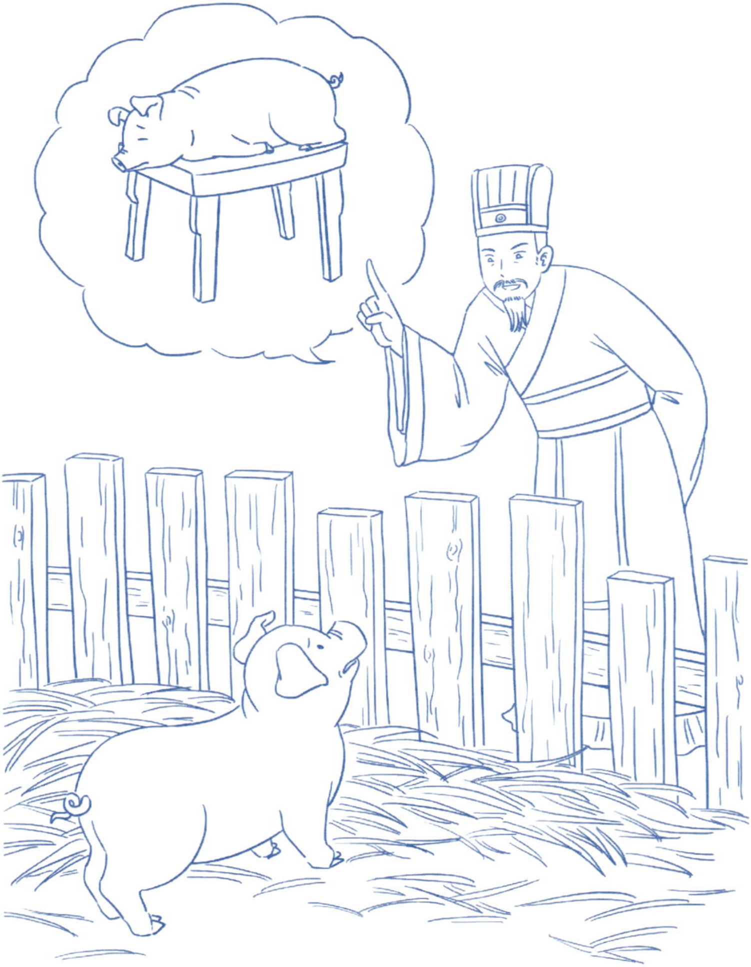

其实，替戗打算，倒不如让它天天吃些糟糠，安安逸逸地住在猪栏里。

不如住在猪栏里

有用和没用

有一天，庄子带了他的学生从山上走过，看见一株很大的树木，枝叶非常茂盛。但是，有几个砍树的人，却站在旁边望着，一直没有动手。

庄子看得奇怪，便问他们道："你们为什么不将它砍下来呢？"

砍树的人道："这种树木，一点也没有用处，所以我们不打算砍它了。"

庄子道："哦，这株树因为没有用处，倒保住了它的生命了。"

庄子走下了山，经过他的一个朋友家里，便留宿在那里了。那朋友非常欢喜，当即吩咐仆人，杀了一只雁来款待庄子。

仆人踌躇了一会儿，便向主人问道："一只雁是会叫的，一只雁是不会叫的，杀哪一只好呢？"

主人道："那只不会叫的没有用处，就杀了它吧！"

第二天，庄子辞别那个朋友，带了学生回家去了。在路上，学生便问他道："昨天山上的那株树，因为没有用处，才保住了它的生命。那主人的雁，却又因为没有用处，丧了生命。我们做人，应该做有用的呢，还是做没用的？"

庄子道："我愿意处在有用没用之间。"

有用和没用

空 船

有一只大船，正在河中前进，忽然被河边漂浮着的一只空船撞了一下。大船里坐着的，虽是一个愊心人，也决不会发怒的。

过了一会儿，又被另外的一只船撞了一下，那只船上却有一个人坐着。于是，大船上的人，便提高了嗓子警告他。可是叫了一次，又叫一次，对方终于没有听得。

---

❶ 愊（biǎn）心：器量浅狭的意思。

空 船

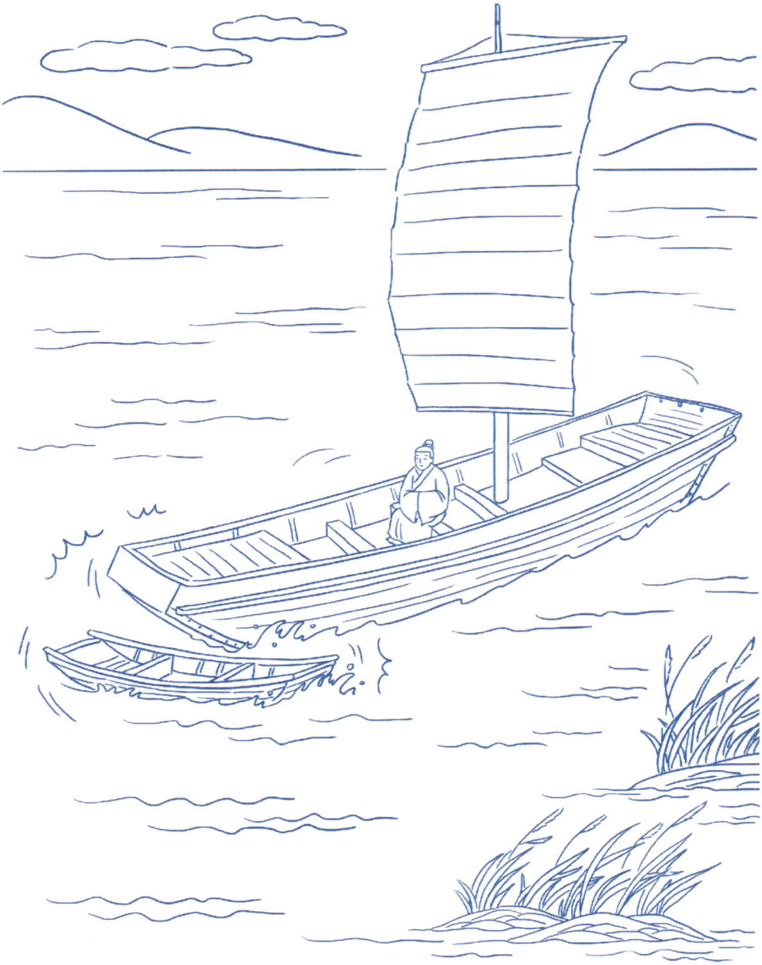

这时候，那大船上的人便发起怒来了，他便恶狠狠地辱骂了对方一顿。

　　原来，空船仿佛是一个虚心的人；所以，人只要能虚心，便谁也不会侮辱他了。

空　船

读书人太少了

庄子去见鲁哀公[1]，哀公对他说道："我们鲁国，读书人真多呢！"

庄子笑道："不见得吧，我觉得鲁国的读书人，实在是太少了！"

哀公道："我们全国的人，差不多十个有九个是穿读书人的衣服的，怎么还说太少呢？"

---

[1] 鲁哀公：春秋时鲁定公的儿子，名蒋。

庄子道："周听得人家说：凡读书人戴着圆冠❶的，都能够知道天文；穿着句屦❷的，都能够知道地理；佩挂着玦玉❸的，遇事都很有决断。但是，真是有本领的，未必一定会在衣服装饰上表现出来；要用衣服装饰来表现自己的学问的，也许未必真有本领罢！君上如果以我的说话是不对的，何不在国中发一个号令：凡是没有真学问的人，要是穿起读书人的衣服来的，当处死刑！"

哀公听了庄子的话，真的便发了这样的一个命令。不到五天工夫，全个鲁国，竟没有敢穿读书人衣服的人了。

只有一个丈夫，却依旧是穿了读书人的衣服，立在宫门外面。哀公便派人去叫了他进来，问了他几件国家的大事，他都能千转万变，回答一个滔滔不绝。

庄子对哀公道："可不是吗？这样大的一个鲁国，有真学问的读书人却只有一个，还可以说是很多吗？"

❶ 圆冠：圆顶的帽子，古时候读书人戴的。
❷ 句屦：方头的鞋子，古时候读书人穿的。
❸ 玦（jué）玉：半圆形的佩玉。

读书人太少了

鼻子没有受伤

有一个郢^❶人，鼻子上沾着一点儿白垩^❷。虽然只像苍蝇翼膀那么小的一点儿，但是，他觉得很不自在，便要请匠石替他刮去。

匠石挥动他的斧头，替那郢人刮削鼻子，呼呼地发出声音来，仿佛是风声一般。不一会儿，果然将白垩完全刮去了，那郢人的鼻子却一点儿也没有受伤。

---

❶ 郢（yǐng）：春秋时楚国的都城。
❷ 白垩（è）：白的土。

鼻子没有受伤

蛮触相争

蜗牛的角里，却有两个国家：在左角里的，叫做触氏；在右角里的，叫做蛮氏。

这两个国家，常常因为争夺土地，发生战事。你也不肯退，我也不肯让，结果，两方总要战死数万人。

蛮触二国的人，要是知道自己所争的是这样细小，也许不会去牺牲了。

蛮触相争

车辙里的鲋鱼

庄周的家里很穷。有一次，他特地跑到监河侯那里去，打算向他告借些粟子[1]。

监河侯道："我，现在却不能答应你！不过，我将有一笔进款可得，到那时，一定借你三百块钱，好不好？"

庄周忿忿地变了颜色，说道："我昨天动身到这里来，走到半路上，听到有一个声音，正在喊叫着。我连忙回

---

[1] 粟子：谷子，俗名小米。

车辙里的鲋鱼

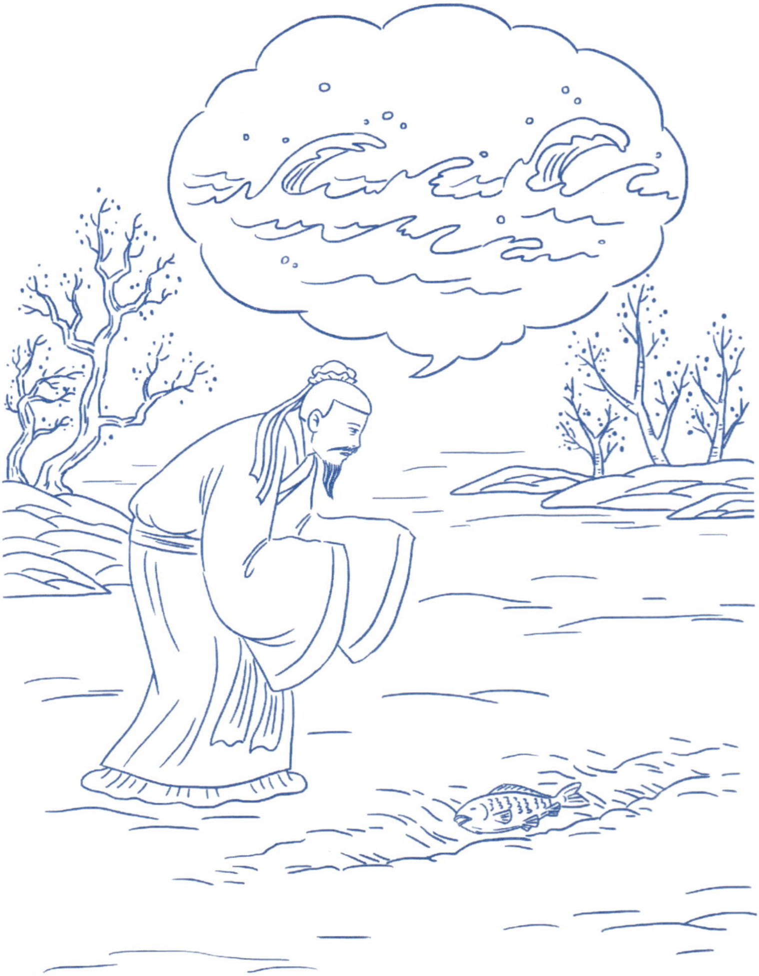

头转去一瞧，原来地上的一条车辙❶中，却直挺挺地躺着一尾鲋鱼❷。我便问它道：'鲋鱼，你在做什么啊？'鲋鱼对我说道：'我本来是住在东海里的，忽然被潮水冲上岸来，陷在这车辙里，差不多要干死了。你能不能给我一斗或一升的水，救救我的命吗？'我对它说道：'哦，知道了！我此刻将要到吴❸越❹去，让我到了那边，再放过西江里的水来迎接你，好吗？'那鲋鱼却忿忿地变了颜色，说道：'我不过暂时失水罢了，只要得到一斗或一升的水，便可以活命。要是照你的方法办起来，也许西江里的水还没有来，我却早已在卖鱼干的铺子里了。'"

---

❶ 车辙：车轮辗过时所留下的痕迹。

❷ 鲋（fù）鱼：就是鲫鱼，形状像鲤，却没有触须，头和口都很小，背褐色，产在淡水中。

❸ 吴：国名，后为越国所灭。

❹ 越：国名，后为楚国所灭。

车辙里的鲋鱼

辞赏的屠羊说

  楚昭王 **❶** 失去楚国 **❷** 的时候,屠羊说 **❸** 也跟着昭王,一起离开他们的祖国。

  后来,昭王仍旧回到楚国来了,便要赏赐跟他一起

---

  ❶ 楚昭王:春秋时候楚平王的儿子,名字叫做壬。在位二十七年,死在城父地方。

  ❷ 失去楚国:昭王立十年,吴王阖闾命子胥、伯嚭,联合唐、蔡伐楚,打破楚国的都城郢。子胥将平王的尸首掘出来,狠狠地鞭了一顿。昭王抛弃了楚国,派申包胥到秦国去请救兵。后来,秦国果然出兵,打退吴兵,昭王才得回到郢都。

  ❸ 屠羊说:人名。意思就是杀羊的人名字叫做说。

出奔的人，自然，屠羊说也是其中的一个。

屠羊说却说道："大王失去了楚国，我也失去了杀羊的工作。现在,大王回国来了,我也回复了杀羊的工作。我依旧有职业，何必又要赏我呢！"

有人将这番话，传到了昭王那里。昭王道："不管，无论如何，一定要强迫他受我的赏赐！"

屠羊说又说道:"大王失去了楚国,并不是我的罪恶,所以大王没有来诛戮我。现在，大王回国来了，当然也不是我的功劳，所以我也不敢受大王的赏赐。"

这一番说话,又被别人传到了昭王那里。昭王道:"去叫他来见我！"

屠羊说又说道："照楚国的法律，一定要有大功劳或是有特殊学识的人，才可以见国王。现在，我的知识，够不上用来保卫国家；我的勇气，够不上用来抵抗敌人：

辞赏的屠羊说

当吴国的军队开到郢都的当儿，我是因为惧怕敌人的强暴，所以才避开了，并不是故意追随着大王啊！现在，大王要废弃了法律来召见我，这不是我所愿意听到的。"

昭王听到了这番话，便对司马子綦道："屠羊说的职业虽很微贱，但是，他的说话却很有道理。子綦，你替我去找他来，我要授他三旌❷的职位。"

79

司马子綦真的将屠羊说找了来，并且把昭王的话告诉了他。屠羊说却又说道："三旌的职位，我知道要比杀羊的工作来得尊贵，万钟❸的俸禄，我知道要比杀羊所得的利益来得丰厚，但是，我怎么可以贪图自己的爵禄，却使我们的国君得到一个胡乱赏赐的坏名气呢？这是我无论如何不敢当的，我情愿仍旧回到我的羊肉铺子里去。"

因此，他终于没有接受昭王的赏赐。

❶ 司马子綦（qí）：司马，古代职官名称。子綦，楚昭王庶弟。
❷ 三旌（jīng）：三公的职位，指公、侯、伯三公。
❸ 万钟：古时以六斛四斗为一钟。万钟，说俸禄的丰厚。

辞赏的屠羊说

你难道舐过痔疮吗

　　宋国人有一个名字叫做曹商的，宋王派他出使到秦国去。

　　他到了秦国，秦王❷便送了他几辆车子，后来秦王和他谈得非常投机，又加送了一百辆车子给他。

　　曹商回到宋国，便去拜访庄子，并且说道："当我住在穷街陋巷的时候，面黄肌瘦，甚至于困窘得靠着编

---

❶　宋王：指宋偃王。
❷　秦王：指秦惠王。

你难道舐过痔疮吗

织草鞋过日子，这是多么寒酸啊！现在，幸而遇着了万乘❶之主，居然有了一百辆车子，这又是多么写意❷啊！"

庄子道："我听说，秦王有病的时候，请医生来诊治，要是能够治愈他的痈疽❸的，可以得到一辆车子；舐他的痔疮❹的，可以得到五辆车子。所医治的愈龌龊❺，得到的车子也愈多。这一次你难道曾经替他舐过痔疮吗？怎么得到了这许多车子呢！哈哈，算了吧，请你不必多说了。"

---

❶　万乘：周朝的制度是天子有地方千里，出兵车万乘，后世因此称帝王为万乘。

❷　写（xiè）意：舒适。

❸　痈疽（yōng jū）：因血行不良，毒质淤积而生的疮毒，种类很多。

❹　痔疮：肛门灼热肿痛的一种病。

❺　龌龊（wò chuò）：不干净，脏。

屠龙的技术

朱泙漫❶很想学习一种奇异的技术。可是，跑来跑去地寻访，终于不能如愿。

后来，听说有一个名叫支离益的，精于屠龙❷的技术，朱泙漫觉得这玩意儿很特别，便去拜他做老师，请他教授。

他在学习期间，停止了一切的工作，因此，不得不将价值一千金的家产变卖完了，来维持生活。过了三年，

❶ 朱泙漫：周朝人。
❷ 龙：古代神话传说中的神异动物。

屠龙的技术

技术总算学成功了。但是，一时因为找不到龙，终于不能将他的技巧使用出来。

屠龙的技术

编 后 记

　　1931—1934 年，中华书局出版了《儿童古今通》丛书。这套丛书的作者皆为民国时期大家，选取我国古代典籍中有趣味且富含哲理的故事，译成浅明易懂的语体文，以供小朋友们阅读。

　　本社此次精选部分书目进行整理再版。为了便于今天的儿童阅读和接受，将原来竖排繁体转化为横排简体形式。在保持总体语言风格不变的基础上，主要做了以下修订。

　　一是每个故事都配了一幅原创插画，既简洁生动，又契合文意。

二是对一些疑难生僻字加了拼音和注释，以帮助儿童阅读和理解。

三是对标点符号及个别词语按照现在的用法规范和语言习惯加以修改。

四是对部分原文注释进行修订，以更加全面和严谨。

希望小朋友们在阅读这些童话的同时，能够感受到其中的精彩，进一步激发阅读原著的兴趣。正如著者之一的吕伯攸所说："原书经过这么一次意译，也许会把它的本意走了味。不过，小朋友们先读了这本小册子，将来再读原书，未始不可借此做个引导啊！"

编者

2018 年 12 月

编后记